AF099008

Il mio libro illustrato bilingue

İki Dilli Resimli Kitabım

Le più belle storie per bambini di Sefa in un unico volume

Ulrich Renz • Barbara Brinkmann:

Dormi bene, piccolo lupo · İyi uykular, küçük kurt

Per bambini dai 2 anni in su

Cornelia Haas • Ulrich Renz:

Il mio più bel sogno · En Güzel Rüyam

Per bambini dai 2 anni in su

Ulrich Renz • Marc Robitzky:

I cigni selvatici · Yaban kuğuları

Tratto da una fiaba di Hans Christian Andersen

Per bambini dai 5 anni in su

© 2024 by Sefa Verlag Kirsten Bödeker, Lübeck, Germany. www.sefa-verlag.de

Special thanks to Paul Bödeker, Freiburg, Germany

All rights reserved.

ISBN: 9783756305063

sefa

Leggere · ascoltare · capire

Dormi bene, piccolo lupo

İyi uykular, küçük kurt

Ulrich Renz / Barbara Brinkmann

italiano **bilingue** turco

Traduzione:

Margherita Haase (italiano)

Şerife Aydoğmuş (turco)

Audiolibro e video:

www.sefa-bilingual.com/bonus

Accesso gratuito con la password:

italiano: **LWIT1829**

turco: **LWTR2927**

Buona notte, Tim! Domani continuiamo a cercare.

Adesso però dormi bene!

İyi geceler Tim, yarın aramaya devam ederiz.

Şimdi güzelce uyu!

Fuori è già buio.

Hava karardı.

Ma cosa fa Tim?

Peki Tim ne yapıyor?

Va al parco giochi.

Che cosa sta cercando?

Dışarı çıkıyor, parka gidiyor.

Orda aradığı nedir?

Il piccolo lupo.

Senza di lui non riesce a dormire.

Küçük peluş kurdu!

Onsuz uyuyamıyor.

Ma chi sta arrivando?

Kimdir şurdan gelen?

Marie! Lei sta cercando la sua palla.

Marie! O da topunu arıyor.

E Tobi cosa cerca?

Tobi ne arıyor peki?

La sua ruspa.

Vinçini.

E cosa cerca Nala?

Peki Nala ne arıyor?

La sua bambola.

Bebeğini.

Ma i bambini non devono andare a letto?

Il gatto si meraviglia.

Çoçukların yatağa gitmeleri gerekmiyor mu?

Kedi çok şaşırıyor.

chez Martin
7
vitrerie

E adesso chi sta arrivando?

Şimdi kim geliyor?

La mamma e il papà di Tim.

Senza il loro Tim non riescono a dormire.

Tim'in Annesi ve Babası!

Tim olmadan uyuyamıyorlar.

Ed ecco che arrivano anche altri!

Il papà di Marie. Il nonno di Tobi. E la mamma di Nala.

Bir çok kişi daha geliyor! Marie’nin Babası.

Tobi’nin Dedesi. Ve Nala’nın Annesi.

Ma adesso svelti a letto!

Hadi ama çabuk yatağa!

Buona notte, Tim!

Domani non dobbiamo più cercare.

İyi geceler, Tim!

Sabahleyin aramak zorunda değiliz artık.

Dormi bene, piccolo lupo!

İyi uykular, küçük kurt!

Cornelia Haas • Ulrich Renz

Il mio più bel sogno

En Güzel Rüyam

Traduzione:

Clara Galeati (italiano)

Beyza Günsür (turco)

Audiolibro e video:

www.sefa-bilingual.com/bonus

Accesso gratuito con la password:

italiano: **BDIT1829**

turco: **BDTR2927**

Il mio più bel sogno

En Güzel Rüyam

Cornelia Haas · Ulrich Renz

italiano bilingue turco

Lulù non riesce ad addormentarsi. Tutti gli altri stanno già sognando – lo squalo, l'elefante, il topolino, il drago, il canguro, il cavaliere, la scimmia, il pilota. E il leoncino. Anche all'orso stanno crollando gli occhi ...

Ehi orso, mi porti con te nel tuo sogno?

Lulu uykuya dalamıyor. Diğer herkes rüya görmeye başladı bile – köpekbalığı, fil, küçük fare, ejderha, kanguru, şövalye, maymun, uçak kaptanı. Ve aslan yavrusu. Ayıcığın da gözleri kapanıyor...

Ayıcık, beni de yanında rüyana götürür müsün?

E così Lulù è già nel paese dei sogni degli orsi. L'orso cattura pesci nel lago Tagayumi. E Lulù si chiede chi potrebbe mai vivere là su quegli alberi? Quando il sogno è finito, Lulù vuole provare qualcos'altro. Vieni, andiamo a trovare lo squalo! Che cosa starà sognando?

Hemencecik Lulu ayıcık hayal dünyasına varıyor. Ayıcık, Tagayumi gölünde balık tutuyor. Ve Lulu ağaçların tepesinde acaba kimlerin yaşadığını merak ediyor.

Rüya bittiğinde Lulu daha da fazlasını yaşamak istiyor. Haydi gelin, köpek balığını ziyaret edelim! Acaba o rüyasında ne görüyor?

Lo squalo sta giocando ad acchiapparella con i pesci. Finalmente ha degli amici! Nessuno ha paura dei suoi denti aguzzi.
Quando il sogno è finito, Lulù vuole provare qualcos'altro. Venite, andiamo a trovare l'elefante! Che cosa starà sognando?

Köpekbalığı balıklarla yakalamaca oynuyor. Nihayet arkadaşları oldu! Kimse onun sivri dişlerinden korkmuyor.

Rüya bittiğinde Lulu daha da fazlasını yaşamak istiyor. Haydi gelin, fili ziyaret edelim. Acaba o rüyasında ne görüyor?

L'elefante è leggero come una piuma e può volare! Sta per atterrare sul prato celeste.
Quando il sogno è finito, Lulù vuole provare qualcos'altro. Venite, andiamo a trovare il topolino! Che cosa starà sognando?

Fil bir tüy kadar hafif ve uçabiliyor! Birazdan bir cennet bahçesine iniş yapacak.
Rüya bittiğinde Lulu daha da fazlasını yaşamak istiyor. Haydi gelin, küçük fareyi ziyaret edelim. Acaba o rüyasında ne görüyor?

Il topolino sta guardando la fiera. Gli piacciono particolarmente le montagne russe.

Quando il sogno è finito, Lulù vuole provare qualcos'altro. Venite, andiamo a trovare il drago! Che cosa starà sognando?

Küçük fare lunaparkı izliyor. En çok hız trenini beğeniyor.
Rüya bittiğinde Lulu daha da fazlasını yaşamak istiyor. Haydi gelin,
ejderhayı ziyaret edelim. Acaba o rüyasında ne görüyor?

Il drago, a furia di sputare fuoco, ha sete. Gli piacerebbe bersi l'intero lago di limonata.

Quando il sogno è finito, Lulù vuole provare qualcos'altro. Venite, andiamo a trovare il canguro! Che cosa starà sognando?

Ejderha ateş püskürtmekten susamış. İçinden bütün limonata gölünü içmek geliyor.
Rüya bittiğinde Lulu daha da fazlasını yaşamak istiyor. Haydi gelin, kanguruyu ziyaret edelim. Acaba o rüyasında ne görüyor?

Il canguro sta saltando nella fabbrica di dolciumi e si riempe il marsupio. Ancora caramelle blu! E ancora lecca-lecca! E cioccolata!
Quando il sogno è finito, Lulù vuole provare qualcos'altro. Venite, andiamo a trovare il cavaliere! Che cosa starà sognando?

Kanguru şekerleme fabrikasında zıplayıp, kesesini tıka basa dolduruyor. Mavi şekerlerden daha fazla! Ve daha fazla lolipop! Bir de çikolata! Rüya bittiğinde Lulu daha da fazlasını yaşamak istiyor. Haydi gelin, şövalyeyi ziyaret edelim. Acaba o rüyasında ne görüyor?

Il cavaliere sta facendo una battaglia di torte con la principessa dei suoi sogni. Oh! La torta alla panna va nella direzione sbagliata!
Quando il sogno è finito, Lulù vuole provare qualcos'altro. Venite, andiamo a trovare la scimmia! Che cosa starà sognando?

Şövalye hayalindeki prenses ile pasta savaşı yapıyor. Tüh! Kremalı pastayı tutturamadı.

Rüya bittiğinde Lulu daha da fazlasını yaşamak istiyor. Haydi gelin, maymunu ziyaret edelim. Acaba o rüyasında ne görüyor?

Finalmente ha nevicato in Scimmialandia! L'intera combriccola di scimmie non sta più nella pelle e si comportano tutte come in una gabbia di matti. Quando il sogno è finito, Lulù vuole provare qualcos'altro. Venite, andiamo a trovare il pilota! In che sogno potrebbe essere atterrato?

Nihayet maymunlar dünyasında kar yağdı! Maymunlar çetesi sevinçten çıldırıyor ve maskaralık yapıyor.
Rüya bittiğinde Lulu daha da fazlasını yaşamak istiyor. Haydi gelin, uçak kaptanını ziyaret edelim. Acaba o rüyasında ne görüyor?

Il pilota vola e vola ancora. Fino ai confini della terra e ancora più lontano, fino alle stelle. Non ce l'ha fatta nessun altro pilota.
Quando il sogno è finito, sono già tutti molto stanchi e non vogliono più continuare a provare così tanto. Però il leoncino, vogliono ancora andare a trovarlo. Che cosa starà sognando?

Kaptan uçtukça uçuyor. Dünyanın sonuna kadar, hatta daha uzağa, yıldızlara kadar. Bunu başka hiç bir uçak kaptanı başaramadı.
Rüya bittiğinde herkes çok yorgun ve daha fazlasını yaşamak istemiyorlar.
Ama son olarak aslan yavrusunu da ziyaret etmek istiyorlar. Acaba o rüyasında ne görüyor?

Il leoncino ha nostalgia di casa e vuole tornare nel caldo, accogliente letto.
E gli altri pure.

E là inizia …

Yavru aslan evini özlüyor ve sıcacık, rahat yatağa dönmek istiyor.
Diğerleri de.

Ve orada başlıyor…

... il più bel sogno
di Lulù.

... Lulu'nun
en güzel rüyası.

Ulrich Renz • Marc Robitzky

I cigni selvatici

Yaban kuğuları

Traduzione:

Emanuele Cattani, Clara Galeati (italiano)

Gizem Pekol (turco)

Audiolibro e video:

www.sefa-bilingual.com/bonus

Accesso gratuito con la password:

italiano: **WSIT1829**

turco: **WSTR2927**

Ulrich Renz · Marc Robitzky

I cigni selvatici

Yaban kuğuları

Tratto da una fiaba di

Hans Christian Andersen

italiano bilingue turco

sefa

C’erano una volta dodici figli di un re – undici fratelli ed una sorella più grande, Elisa. Vivevano felici in un bellissimo castello.

Bir varmış, bir yokmuş. Evvel zaman içinde, kalbur saman içinde; pireler berber, develer tellal iken, ben annemin, babamın beşiğini tıngır mıngır sallar iken, az gittim, uz gittim, dere tepe düz gittim, birde döndüm baktım ki bir arpacık yol gitmişim.

Derken bir kralın oniki çocuğu varmış. Kardeşlerin onbiri erkek, en büyükleri ise Elisa isminde bir kız imiş. Hep birlikte çok güzel bir sarayda mutlu mesut yaşıyorlarmış.

Un giorno la madre morì, e poco tempo dopo il re si risposò. La nuova moglie però era una strega cattiva. Con un incantesimo, trasformò gli undici principi in cigni e li mandò molto lontano, in un Paese al di là della grande foresta.

Günün birinde anneleri ölmüş. Kısa zaman sonra kral başka bir kadınla evlenmiş. Ama yeni karısı aslında bir cadı imiş. Bu cadı onbir prensi kuğulara dönüştürüp onları çok uzak bir ülkenin derin ormanına yollamış.

Vestì la ragazza di stracci e le spalmò sul volto un orribile unguento, tanto che nemmeno il padre riuscì più a riconoscerla e la cacciò dal castello. Elisa corse nella foresta tenebrosa.

Kızı da eski püskü giydirip yüzüne onu çirkinleştiren bir merhem sürmüş. Okadar çirkin olmuş ki babası onu tanıyamayıp sarayından kovalamış. Elisa karanlık ormana koşmuş.

Ora era completamente sola, e desiderava con tutto il cuore rivedere i suoi fratelli scomparsi. Quando venne la sera, si fece un letto di muschio sotto un albero.

Şimdi prenses öyle yalnız kalmış ki, kardeşlerinin hepsini kalbinin derinliklerinde çok özlediğini hisseder olmuş. Gece olduğunda kızcağız kendine ağaçların altında yosunlardan bir döşek yapmış.

La mattina dopo giunse ad un lago calmo, e rimase sconcertata nel vedere il proprio riflesso nell'acqua. Ma appena si pulì, divenne la più bella principessa sulla faccia della terra.

Ertesi sabah durgun bir göldeki suda kendi yüzünü görüp çok korkmuş. Ama gölde yıkandıktan sonra güneşin altındaki en güzel prenses oluvermiş.

Molti giorni dopo, Elisa raggiunse il grande mare. Tra le onde, oscillavano undici piume di cigno.

Günler sonra Elisa açık denize varmış. Dalgaların üstünde onbir tane kuğu tüyünün yüzdüğünü görmüş.

Quando il sole tramontò, ci fu un fruscio nell'aria, e undici cigni si posarono sull'acqua. Elisa riconobbe immediatamente i propri fratelli stregati. Ma dato che parlavano la lingua dei cigni, lei non li poté capire.

Tam güneşin battığı anda gökten bir uğultuyla beraber onbir tane yaban kuğusu denize inmiş. Elisa büyülü kardeşlerini hemen tanımış. Ama kuğu dilini konuştukları için onların ne dediklerini anlayamamış.

Durante il giorno i cigni volavano via, e la notte si accoccolavano tutti assieme alla sorella in una grotta.

Una notte, Elisa fece uno strano sogno. Sua madre le disse come avrebbe potuto liberare i suoi fratelli. Avrebbe dovuto tessere delle camicie di ortiche per ognuno di loro e poi lanciargliele. Fino a quel momento però, non le era concesso dire una sola parola, altrimenti i suoi fratelli sarebbero morti.
Elisa si mise immediatamente al lavoro. Sebbene le mani le bruciassero, continuò a tessere senza stancarsi.

Gündüzleri kuğular uzaklara uçup, geceleri mağaranın içine sığınarak, birbirlerine sarılıp uyuyorlarmış.

Bir gece Elisanın annesi rüyasına girmiş ve ona kardeşlerini nasıl bu büyüden kurtarabileceğini söylemiş. Herbirine ısırgan otundan birer gömlek örüp üzerlerine atmasını anlatmış. Bunu başarıncaya kadar hiçkimseyle konuşmaması şart imiş, yoksa kardeşleri ölecekmiş.
Elisa hemen örmeye başlamış. Isırgan otu ellerini çok kötü yaktığı halde, yorulmadan örmeye devam etmiş.

Un giorno, si sentirono corni da caccia in lontananza. Un principe venne cavalcando con il suo seguito e presto le fu di fronte. Non appena i due si guardarono negli occhi, si innamorarono.

Bir gün uzaktan avcıların borazan sesleri gelmiş. Ve de kısa bir süre sonra karşısında prens ile birlikte olan avcılarla karşılaşmışlar. Gözgöze geldikleri anda, birbirlerine aşık olmuşlar.

Il principe fece salire Elisa sul cavallo e la condusse al proprio castello.

Prens, Elisayı kucakladığı gibi atın üstüne alıp onu kendi sarayına götürmüş.

Il potente tesoriere fu tutto fuorché felice dell’arrivo della principessa muta. La propria figlia sarebbe dovuta diventare la sposa del principe.

Saraydaki güçlü vezir bu dilsiz güzelin gelmesinden hiç hoşlanmamış. Çünkü prensin kendi kızıyla evlenmesini istiyormuş.

Elisa non si era dimenticata dei suoi fratelli. Ogni sera continuava il suo lavoro sulle camicie. Una notte uscì per andare al cimitero a cogliere delle ortiche fresche. Il tesoriere la osservò di nascosto.

Elisa kardeşlerini hiç unutmamış, her gece gömleklerini örmeye devam etmiş. Bir gece mezarlıktan taze ısırgan otu toplamaya gitmiş. Sarayın veziri, onu görüp takip etmiş.

Non appena il principe partì per una battuta di caccia, il tesoriere gettò Elisa nelle segrete. Affermò che fosse una strega che si incontrava con altre streghe durante la notte.

Prensin ava gittiği bir gün vezir, Elisayı cadılıkla suçlayıp geceleri başka cadılarla buluşma bahanesiyle zindana attırmış.

All'alba, Elisa venne presa da delle guardie, per venir poi bruciata nella piazza del mercato.

Gün ağarırken gardiyanlar Elisayı alıp pazar yerinde yakmak istemişler.

Non appena fu lì, arrivarono undici cigni bianchi volando. Elisa lanciò rapidamente una camicia a ciascuno di loro. Poco dopo, tutti i suoi fratelli si trovarono dinanzi a lei con sembianze umane. Solo il più piccolo, la cui camicia non era stata del tutto completata, mantenne un'ala al posto di un braccio.

Oraya tam vardıkları anda onbir beyaz kuğu birden meydana inmiş. Elisa alel acele, hepsinin üstüne birer gömlek atmış. O anda kardeşlerinin hepsi tekrar birer prens olarak karşısında durmuş. Ama kardeşlerinin en küçüğünün gömleği tam bitmediği için bir kolu kanat olarak kalmış.

I fratelli si stavano ancora baciando e abbracciando quando arrivò il principe. Finalmente Elisa gli poté spiegare tutto. Il principe fece rinchiudere il tesoriere malvagio nelle segrete. Dopodiché, si celebrò il matrimonio per sette giorni.

E vissero tutti felici e contenti.

Daha kardeşleriyle sarılıp kucaklaşırken, prens geri gelmiş. Nihayet Elisa, prense her şeyi anlatabilmiş. Prens ise kötü veziri zindana attırmış. Sonrada prens ile Elisanın yedi gün yedi gece düğünleri yapılmış.

Ve sonsuza kadar mutlu yaşamışlar.

Hans Christian Andersen

Hans Christian Andersen nacque nella città danese di Odense nel 1805 e morì nel 1875 a Copenaghen. Divenne famoso in tutto il mondo con le sue fiabe letterarie come „La Sirenetta“, „I vestiti nuovi dell’imperatore“ e „Il brutto anatroccolo“. Il racconto in questione, „I cigni selvatici“, fu pubblicato per la prima volta nel 1838. È stato tradotto in più di cento lingue e adattato a una vasta gamma di media, tra cui il teatro, il cinema e il musical.

Barbara Brinkmann è nata a Monaco di Baviera (Germania) nel 1969. Ha studiato architettura a Monaco e attualmente lavora alla facoltà di architettura dell'Università Tecnica di Monaco. Lavora anche come grafica, illustratrice e autrice.

Cornelia Haas è nata nel 1972 vicino ad Augusta (Germania). Ha studiato design all'Università di Scienze Applicate di Münster e si è laureata in design. Dal 2001 illustra libri per bambini e ragazzi e dal 2013 insegna pittura acrilica e digitale all'Università di Scienze Applicate di Münster.

Marc Robitzky, nato nel 1973, ha studiato alla Scuola Tecnica d'Arte di Amburgo e all'Accademia di Arti Visive di Francoforte. Lavora come illustratore freelance e designer della comunicazione ad Aschaffenburg (Germania).

Ulrich Renz è nato a Stoccarda nel 1960. Dopo aver studiato letteratura francese a Parigi, ha completato gli studi di medicina a Lubecca e ha lavorato come direttore in una casa editrice scientifica. Oggi Renz è un autore indipendente e scrive libri per bambini e ragazzi oltre a libri di saggistica.

Ti piace disegnare?

Qui puoi trovare tutte le immagini della storia da colorare:

www.sefa-bilingual.com/coloring

www.ingramcontent.com/pod-product-compliance
Lightning Source LLC
LaVergne TN
LVHW070440080526
838202LV00035B/2681
9783756305063